# Que le meilleur gagne !

Dans la même collection

Yves Coppens, *Le sport fait-il évoluer l'humanité ?*
Boris Cyrulnik, *J'aime le sport de petit niveau*
Edgar Morin, *Le sport porte en lui le tout de la société*
Pascal Picq, *Chez les chimpanzés, il n'y a pas besoin d'arbitre*
Isabelle Queval, *Le Sport, le diable au corps*
Joël de Rosnay, *La Vague, métaphore de la vie*
Michel Serres, *Mes profs de gym m'ont appris à penser*

André Comte-Sponville

# Que le meilleur gagne !

INSEP
Robert Laffont

Collection « Homo ludens » conçue et dirigée
par Benjamin Pichery.

Entretiens conduits par François L'Yvonnet.


Éditions Robert Laffont – 92, avenue de France 75013 Paris

Composition : Peter Vogelpoel
Dépôt légal : mars 2021
ISBN : 978-2-221-25317-5

# HOMO LUDENS

## LE CORPS EN JEU

Phénomène social majeur du $XX^e$ siècle, le sport, longtemps délaissé par les milieux intellectuels, retient aujourd'hui toute leur attention en tant qu'il nous éclaire sur notre société et sur les enjeux d'un corps humain toujours plus performant.

Ces entretiens, réalisés à l'INSEP (Institut national du sport, de l'expertise et de la performance), interrogent le sportif, cet *Homo ludens* contemporain, en convoquant la sociologie, la philosophie, l'histoire, la politique, l'anthropologie, l'économie, les sciences et techniques.

La collection « Homo ludens » est un espace de pensée et de libre parole qui nous invite à la réflexion, à l'esprit critique, au décloisonnement des disciplines et à la compréhension des multiples déterminismes qui fondent la pratique sportive.

# Introduction

Essayons d'abord de le définir. Qu'est-ce que le sport ? Une *activité*, autrement dit une action qui dure ou se répète.

Mais de quel genre ? Une activité *physique* : non certes que l'esprit n'y joue aucun rôle (ce ne serait plus une activité, ou elle ne serait plus humaine), mais en ceci que les capacités du corps – sa force, sa rapidité, son adresse, son endurance… – y tiennent le premier rôle.

Je sais bien que certains ont voulu parler de « sports intellectuels » ou « cérébraux », à propos par exemple des échecs, des mots croisés ou des sudokus. Mais l'usage ne s'est pas imposé, ni même répandu. La langue résiste : le sport touche au corps plutôt qu'à l'esprit. C'est peut-être ce qui explique que son succès, aujourd'hui, soit plus grand que jamais. Dans nos sociétés tertiaires, urbaines et numériques, c'est le cerveau qui travaille, plus souvent que les muscles. C'est donc lui aussi qui se fatigue, qui se lasse, qui a donc besoin de délassement… Le sport en fait un commode et sain. Il rétablit une espèce d'harmonie heureuse, même dans l'effort : l'âme y jouit du corps qu'elle est (puisque l'âme et le corps, comme on voit chez Spinoza, « sont une seule et même chose »), d'autant plus intensément qu'elle s'occupe moins, pour une fois, de réfléchir que d'agir. Leçon de sagesse, plus encore que d'hygiène ! Nous sommes nés pour l'action, depuis le paléolithique, pour bouger, chasser, cueillir, lutter, point pour passer nos journées devant un bureau ou un écran, comme nous le faisons si souvent ! Comment ne serions-nous pas trop gros, trop mous, trop stressés, trop angoissés, trop tristes ? *Mens sana in corpore sano*, disaient les Anciens (« un esprit sain dans un corps sain »). À quoi le sport est d'autant plus utile, pour nos contemporains, qu'ils ont par ailleurs une vie plus sédentaire ou physiquement moins active. Passer ses journées sur une chaise et ses soirées sur un canapé, ce n'est pas sain. C'est pourquoi nos médecins nous poussent à faire du sport, plus encore que du temps d'Hippocrate.

Donc le sport est une activité physique. Mais de quelle espèce ?

Car toute activité physique n'est pas sport. Par exemple, un travail manuel : manier la pelle ou la pioche, monter un mur, serrer des boulons, couper du bois, passer le balai ou l'aspirateur, ce sont assurément des activités physiques, parfois harassantes, mais ce sont des labeurs, point des sports. Pourquoi ? Parce que ces activités ne se justifient pas par elles-mêmes, ni par le bien qu'elles nous font, ni par le plaisir ou l'émulation qu'on peut y trouver, mais par un résultat tout extérieur : une tranchée, une maison, une marchandise, un chauffage, un domicile agréable... Dans le sport, rien de tel. On peut bien en attendre un résultat (par exemple si vous courez pour mincir ou pour gagner une médaille) ; mais ce n'est pas ce résultat qui en définit l'essence sportive (celui qui court pour mincir ne fait pas moins de sport, s'il court aussi longtemps, ni plus, que celui qui court pour le plaisir ou par esprit de compétition). Le sport est une *praxis*, dirait Aristote, plutôt qu'une *poièsis* :

une pratique, dirions-nous en français, plutôt qu'une création ou qu'une production. Faire du sport – si on laisse provisoirement la compétition de côté –, c'est pratiquer une activité qui ne tend à aucune fin extérieure à elle-même ou à l'agent, donc à aucune œuvre, une activité qui ne vise que sa propre réussite (son *eupraxia*, dirait Aristote), le plaisir éventuel qu'elle procure et surtout le maintien, le développement ou la manifestation des capacités de celui qui agit.

Ce dernier trait me paraît décisif. Car une activité qui ne vise que son bon déroulement ou le plaisir qu'elle procure, ce peut être aussi bien un jeu ou une danse. Or tout jeu n'est pas sport, ni toute danse, pas plus que tout sport, n'est jeu ou plaisir.

Arrêtons-nous là, un instant. La danse est-elle un sport ? Elle peut le devenir, à proportion des efforts qu'on y consacre, mais à condition qu'on y cherche autre chose que le simple plaisir de danser ou de séduire : au moins une progression (quand on danse pour s'entraîner à danser, donc pour danser mieux demain), une performance (quand on danse mieux que la plupart), voire une victoire ou un titre (si l'on participe à une compétition) – bref, quand la danse vise moins le plaisir en acte qu'elle procure que le maintien, l'augmentation ou le triomphe de la puissance de danser. Cela m'éclaire sur le sport : c'est une puissance en acte (une activité) qui vise à maintenir, augmenter ou manifester la puissance d'agir (la puissance en puissance, dirait un aristotélicien) qu'elle met en œuvre.

Laissons la danse, qui n'est sportive qu'à l'occasion ou par accident. Considérons les sports universellement reconnus comme tels. Beaucoup sont aussi des jeux : tennis, football, handball, base-ball, rugby, basket, volley, water-polo, golf, cricket, polo, hockey sur glace ou sur gazon… Mais pas tous : la course à pied, la natation, le saut en longueur ou en hauteur, le ski de fond ou de vitesse, le cyclisme sur piste ou sur route, l'aviron ou l'escrime, le lancer du disque ou du poids, la boxe ou le judo, la gymnastique ou l'haltérophilie sont assurément des sports, qu'on n'a pas coutume de considérer comme des jeux. Qu'est-ce donc qui distingue ces deux catégories de sport, l'une ludique, l'autre non ?

Sont-ce la balle, le ballon ou le palet qui font la différence ? Sans doute pas. Non que ce soit un hasard si les jeux sportifs supposent si souvent un objet unique, de préférence rebondissant ou glissant, que les joueurs se partagent, se disputent ou essaient de contrôler (cela les met en situation, propice au jeu, de rivalité et d'incertitude). Mais en ceci que balle ou ballon pourraient servir aussi dans un sport qui n'est pas un jeu (c'est le cas du ballon, dans la gymnastique rythmique) et ne sauraient dès lors servir de critère pour distinguer les sports qui sont aussi des jeux de ceux qui n'en sont pas.

Il faut donc autre chose. Quoi ? Le critère, pour vague qu'il soit, me paraît clair : un plaisir plus évident ou plus immédiat, un amusement, un délassement joyeux ou agréable, qui supposent presque toujours qu'on soit au moins deux à jouer ensemble, quand un sport peut se suffire de la solitude ou n'avoir besoin d'autrui que dans le cadre d'une compétition.

Songeons par exemple à l'athlétisme. Je n'ai besoin de personne pour courir, sauter ou lancer un javelot : l'autre ne m'y sert que de rival, point de partenaire. Aussi sont-ce des sports, point des jeux. Au tennis, au foot ou au volley, c'est l'inverse : j'y ai besoin de partenaires plus encore que de rivaux (par exemple si l'on se contente, entre amis, de « faire des balles » ou des passes). Un sport, pour être un jeu, a besoin d'être amusant, et l'on s'amuse difficilement tout seul (en tout cas physiquement). Les joueurs de bilboquet le savent bien, lorsqu'ils jouent seuls, comme ces jeunes garçons solitaires qui font des « jongles », comme ils disent, avec leur ballon de foot : ils y voient un entraînement, presque toujours, plutôt qu'un jeu.

Au demeurant, peu importe ici. Je cherche ce qu'est un sport, et le jeu, assurément, ne suffit pas à le définir, puisque tout jeu, même physique, n'est pas sport (voyez les billes ou la marelle, colin-maillard ou chat perché), puisque tout sport n'est pas jeu (voyez l'athlétisme ou le cyclisme, la natation ou la boxe). Alors quoi ? L'effort ? Il en faut dans tout sport, mais point dans le sport seulement. Une activité physique qui demande des efforts, ce peut être aussi bien un labeur, et ne saurait donc nous servir de définition.

Tout sport n'est pas jeu, tout effort n'est pas sport. Nous avons besoin, pour caractériser le sport dans le champ plus général des activités physiques, d'en indiquer la différence spécifique. La trouverons-nous dans la nature des actions accomplies ? C'est improbable, tant elles sont diverses. Quel rapport entre une partie de tennis et la brasse papillon, entre une descente à ski et le fleuret ? Ce qui caractérise *un* sport, par rapport à d'autres, c'est son contenu, autrement dit les actions qu'il implique ou comporte. Mais ce qui caractérise *le* sport, par rapport à ce qui n'en est pas, c'est moins son contenu que sa finalité, moins les actions qu'il implique (par exemple courir, nager ou sauter) que les buts qu'il vise. Or, là-dessus, nous avons déjà avancé. Le sport est une pratique, disais-je, plutôt qu'une production (par différence avec la plupart des labeurs), mais qui ne tend pas seulement à sa propre réussite ou au plaisir qu'on y prend (par différence avec le jeu ou la danse). Qu'est-ce alors que faire du sport ? C'est exercer une puissance en acte (une activité), qui tend à manifester, maintenir ou augmenter cette même puissance d'agir qu'elle met en œuvre, que celle-ci soit actuelle (dans une épreuve ou une compétition) ou à venir (dans l'entraînement). Par exemple, mettre en œuvre sa puissance de courir (courir en acte), mais pour la maintenir ou l'augmenter (pour pouvoir courir plus tard aussi bien ou mieux), la manifester ou la mesurer (y compris contre d'autres, dans une compétition).

Prenons-y garde : c'est là une activité très spécifique, que beaucoup n'ont jamais pratiquée. Tout le monde, sauf handicap, court un jour ou l'autre. Mais courir pour attraper une proie, pour ne pas rater un train ou pour fuir un agresseur, ce n'est pas faire du sport. Il y a sport, me semble-t-il, lorsqu'une activité physique – qu'elle soit jeu ou pas – tend d'abord à maintenir, développer ou évaluer les capacités physiques de l'agent (sa puissance d'agir : de courir, de sauter, de nager, de dribbler…), donc les capacités mêmes qu'elle met en œuvre. Cela n'empêche pas d'y prendre du plaisir (il y a des gens qui aiment courir ou sauter, jouer au tennis ou au football) ou d'en attendre aussi autre chose (une médaille, une prime, un salaire, une gloire) ; mais ce plaisir ou ces buts s'y ajoutent, de l'extérieur, davantage qu'ils ne constituent l'essence du sport (celui qui court ou nage sans plaisir ni gratification n'en fait pas moins du sport, dès lors qu'il court ou nage pour maintenir, améliorer ou mesurer ses propres performances).

Ces considérations, mises bout à bout, m'amènent à proposer la définition suivante : *Le sport est une activité physique tendant à maintenir, développer, manifester ou mesurer les capacités qui la rendent possible, sans autre but que ce maintien, ce développement, cette manifestation ou cette mesure, sinon parfois le plaisir qui s'y ajoute ou qu'on y prend (y compris, le cas échéant, le plaisir de la compétition, de la victoire ou d'une gratification quelconque).*

Or une activité qui tend à maintenir, développer ou évaluer les capacités qui la rendent possible, c'est ce qu'on appelle un *exercice*. Qu'on le pratique pour sa santé, par jeu ou pour se mesurer à des rivaux (l'*agôn* des Grecs : non pas la guerre, *polémos*, mais la joute, le concours, la compétition), cela modifie assurément le climat de la chose, comme le plaisir qu'on peut y prendre ou non, mais point sa nature sportive, dès lors qu'il s'agit bien d'un *exercice*, au sens strict que je viens de définir, et point d'une activité ne visant que le plaisir immédiat qu'on y prend (comme dans un jeu non sportif) ou qu'un résultat extérieur à l'agent (par exemple couper du bois pour se chauffer ou courir pour attraper un bus). Cela m'autorise une définition plus brève : *Le sport est un exercice physique, à visée sanitaire, ludique ou agonistique.* Dans quoi c'est la notion d'*exercice* qui est décisive. Un jeu physique, quelle qu'en soit la visée subjective (la santé, le jeu, la compétition), ne devient sport que lorsqu'on y joue, au moins en partie, pour y jouer mieux demain (c'est le principe de l'entraînement) ou pour mesurer, y compris contre d'autres, ses propres capacités à y jouer (c'est le principe de l'épreuve ou de la compétition).

Une objection se présente. Une activité physique qui tend à développer les capacités qui la rendent possible, ce peut être aussi une séance de rééducation (par exemple après un accident), des exercices respiratoires (par exemple après une pneumopathie) ou une simple promenade de santé (recommandée par exemple à un cardiaque), toutes choses qu'on n'a guère coutume de considérer comme du sport. Parce que les efforts n'y sont pas assez intenses ? C'est la première réponse qui vient à l'esprit, mais qui n'est pas satisfaisante : certaines séances de rééducation demandent des efforts considérables, parfois très douloureux, qui n'en font pas pour autant une épreuve sportive. Pourquoi ? Parce que nul n'envisage d'en faire une compétition publique, avec les règles et les critères objectifs que cela supposerait. Les trois visées que j'évoquais (sanitaire, ludique, agonistique) ne sont pas, de ce point de vue, sur le même plan. Ou si elles peuvent l'être pour les individus, qui privilégieront l'une ou l'autre, elles ne le sont pas pour la société. Un exercice physique, quel qu'en soit le but individuel (par exemple la santé, le jeu ou la victoire), ne sera socialement considéré comme un sport qu'à la condition de pouvoir faire l'objet, au moins parfois, de compétitions publiques. On peut ne courir que pour sa santé. Mais cela ne passe pour un sport que parce qu'il existe des compétitions de course à pied. On peut ne nager ou ne skier que pour le plaisir. Mais cela ne passe pour du sport que parce qu'il existe des compétitions de natation ou de ski. Ce qu'on peut résumer en une ultime définition : *Un sport est un exercice physique, dont la visée – qui peut être purement sanitaire ou ludique – doit être au moins possiblement agonistique.*

Couper du bois n'est pas du sport, notais-je plus haut. Mais cela pourrait le devenir, si vous ne le faites que pour votre santé (pour maintenir en vous la puissance que vous exercez en coupant du bois), pour vous y entraîner (pour le faire, si possible, de mieux en mieux) ou, *a fortiori*, pour confronter vos performances à celles d'autrui (compétition) ou à vous-même (par exemple pour battre votre propre record). Auquel cas ce n'est plus une tâche, un labeur ou un métier, mais bien un *exercice*, au sens strict que je viens de proposer – « une activité tendant à maintenir, développer ou évaluer les capacités qui la rendent possible » –, donc un sport, même s'il ne sera socialement reconnu comme tel qu'à la condition de faire l'objet, au moins parfois, de compétitions publiques. De fait, ce sport existe : c'est ce qu'on appelle en Amérique du Nord (mais il en existe un championnat de France, dont on peut voir les images sur Internet) le *timbersport*, dans lequel des bûcherons, qu'ils soient professionnels ou amateurs, s'affrontent lors de six épreuves successives (trois à la hache, trois à la scie). Quelle différence entre le timbersport et le bûcheronnage ? Non l'activité (il s'agit toujours de couper du bois), mais sa finalité : économique dans le bûcheronnage, agonistique dans le timbersport.

La marelle, à ce compte, pourrait-elle devenir un sport ? Pourquoi non, si on la pratique assez intensément pour que cela influe sur nos capacités à y jouer ? On pourrait m'objecter que c'est sans doute le cas, pour tel ou tel individu, sans que la marelle soit pour cela perçue, à l'échelle de la société, comme un sport. C'est qu'il y manque la compétition publique, organisée selon des règles fixes. Imaginez que le CIO fasse de la marelle une épreuve olympique : ce jeu enfantin et ancestral deviendrait immédiatement un sport, non par ce seul décret ni seulement les efforts qu'il exige, mais par les pratiques d'entraînement et de compétition qu'il ne manquerait pas de susciter.

Tout sport n'est pas jeu, tout jeu n'est pas sport ; mais tout sport, qu'il soit ludique ou non, se reconnaît à cette dimension d'exercice physique et au moins possiblement agonistique, par quoi une activité corporelle tend à maintenir, augmenter ou mesurer (que ce soit par rapport à autrui ou à soi-même) les capacités – qu'elles soient d'ailleurs physiques ou mentales – qu'elle met en œuvre. C'est en quoi le sport est une conduite plutôt luxueuse : il faut être libéré des tâches urgentes de survie (s'alimenter, se protéger, etc.) pour avoir le temps de *s'exercer*, c'est-à-dire de considérer ses propres capacités non plus comme moyens (ce qu'elles sont naturellement), mais comme fins au moins transitoires. Il faut n'être pas écrasé de travail pour avoir le temps de faire du sport. Par quoi le sport touche au temps libre, depuis la Grèce antique jusqu'à nos jours.

L'étymologie le confirme. « Sport », qui est passé par l'anglais, vient du vieux français « *desport* », qui signifiait « passe-temps » ou « divertissement ». Cela confirme que le sport est d'abord un loisir, donc le contraire d'un labeur. Mais c'est un loisir actif, donc aussi le contraire d'un repos ou d'un divertissement simplement passif (regarder un match à la télévision, ce n'est pas faire du sport). Faut-il alors ajouter cette dimension – le loisir, le non-professionnalisme – à notre définition ? Non pas, puisqu'un sport peut devenir aussi un métier. L'amateurisme n'appartient donc pas à son essence, pas plus qu'il ne la contredit. Un sport quelconque ne devient professionnel que comme spectacle, donc pour des raisons contingentes, étrangères au sport lui-même. Jouer au football devant cent mille spectateurs ou avec une bande de copains, cela entraîne de grandes différences économiques et psychologiques, mais ne change pas fondamentalement la nature de l'exercice : c'est toujours du football, donc du sport.

Cette dimension spectaculaire, donc aussi professionnelle et commerciale (le *sport-business*), sans toucher à l'essence du sport, en modifie pourtant la place, dans une société donnée, et chacun peut constater qu'elle est aujourd'hui plus grande que jamais, voire, me semble-t-il, quelque peu excessive. Mais là-dessus, je me suis expliqué largement, grâce à François L'Yvonnet, dans les pages qui suivent…

# Le sport et la vie

*Le sport n'occupe pas dans votre œuvre, c'est le moins que l'on puisse dire, une place centrale. Mais peut-être occupe-t-il une place dans votre vie ? Il est vrai que, la philosophie consistant selon vous à penser sa vie et à vivre sa pensée, si le sport occupait dans votre existence une place importante, il en serait de même dans votre pensée… Le sport est-il pour vous quelque chose d'indifférent ?*

« Indifférent », ce serait trop dire. Mais le sport n'est pas pour moi quelque chose d'essentiel. D'ailleurs, ce n'est pas seulement dans mon œuvre qu'il occupe peu de place, mais dans la philosophie en général ! Si l'on fait des recherches approfondies, on trouvera bien quelques textes de philosophes où il est question du sport (la gymnastique chez Platon ou Aristote, la course ou la lutte chez Épictète, etc.), mais c'est plutôt rare, et, lorsque cela arrive, c'est toujours en passant, à titre d'exemple plutôt que d'objet principal. Cela confirme quelque chose qui est pour moi une évidence, mais que notre époque médiatique a tendance à oublier, à savoir que le sport n'est pas l'essentiel de la vie, ni l'essentiel de la société, ni l'essentiel d'une civilisation ! Disons-le tout net : le sport, humainement, socialement, culturellement, est quelque chose de secondaire. Y compris dans ma vie, où il est plus que secondaire, puisqu'il y a bien longtemps que je n'en fais plus ! J'ai une vie très active, je marche, je jardine, je coupe du bois, je bouge beaucoup, mais il y a longtemps que je ne pratique plus aucune discipline sportive. Plus jeune, j'ai joué au foot, comme presque tous les garçons de mon âge ; il m'est arrivé de faire du vélo, parfois intensément ; à trente ou quarante ans, je faisais un peu de jogging, pour me maintenir en forme… Puis plus rien, et je ne m'en porte pas plus mal ! Vous connaissez le mot de Churchill, à qui un journaliste demandait le secret de sa longévité. Il répondit : « Du whisky, des cigares, jamais de sport ! » C'est l'une des formules qui me le rendent le plus sympathique !

Le sport m'intéresse pourtant, pour deux raisons. D'abord parce que c'est un phénomène de société, quoique surtout comme spectacle : il occupe une place considérable dans nos médias. Ensuite, de façon plus personnelle, le sport m'intéresse en tant que père de famille. Il se trouve que j'ai trois garçons et que, comme beaucoup de ceux de leur génération, ils ont été, et sont encore dans une moindre mesure, passionnés de football, en l'occurrence supporters de l'OM… En tant que citoyen et père de famille, il a bien fallu que je voie les choses comme elles sont : le sport n'a aucune importance dans ma vie personnelle, il n'a, de mon point de vue, que peu d'importance en soi, mais, paradoxalement, il a fini par en prendre beaucoup – voire trop – dans notre société, et spécialement chez notre jeunesse. Cela mérite que l'on y réfléchisse !

*Spinoza, l'un de vos maîtres, a posé une question célèbre : « Que peut le corps ? » Le sport peut-il nous aider, dans une perspective matérialiste, à y répondre ?*

Sans doute, mais pas de façon décisive. Le corps humain peut courir un cent mètres en moins de dix secondes. Et alors ? Il y a quand même plus intéressant ! Que peut le corps ? Il peut courir plus ou moins vite, sauter plus ou moins haut, jongler ou dribbler avec un ballon, etc. Mais il peut aussi parler, penser, aimer, connaître, vouloir, créer, enfanter, allaiter, éduquer, caresser, désirer, contempler, prier, admirer, rire… Autant de possibilités qui me paraissent plus importantes que la vitesse d'un sprinter, la détente d'un sauteur ou la virtuosité d'un footballeur ! Être un philosophe matérialiste, comme je le suis, ce n'est pas mettre le corps plus haut que l'esprit ; c'est penser que l'esprit est une partie du corps, une fonction du corps, et assurément la plus haute. Dans mon langage, je dirais : *primat du corps, primauté de l'esprit.* Le corps est objectivement plus important, puisque l'esprit en dépend ; mais l'esprit a plus de valeur, puisqu'il n'est de valeur que pour lui.

Cela n'empêche pas de faire du sport ou de s'y intéresser, mais tel n'est pas mon cas. Je ne sais même plus le nom de l'actuel recordman du cent mètres, ni même qui a gagné la dernière Coupe du monde de football. Je m'en fiche. J'ai mieux à admirer, à méditer, à comprendre !

Imaginez que je dresse la liste des mille personnes que j'admire le plus. Il n'y aurait assurément, parmi elles, aucun sportif! À côté de Bach ou d'Einstein, d'Aristote ou de Shakespeare, de Michel-Ange ou d'Etty Hillesum, de Cavaillès ou de Nelson Mandela, le plus grand des sportifs, que c'est peu ! J'accorde davantage d'importance à la puissance de penser, d'aimer, de vouloir – c'est-à-dire à l'intelligence, au cœur, à la volonté – qu'à la puissance de courir, de sauter ou de taper dans un ballon !

Cela ne vaut pas seulement pour les personnages historiques. Quand je pense à mes amis, l'affection que j'ai pour eux ne dépend aucunement de leurs performances sportives, dont j'ignore à peu près tout, mais de leurs qualités de cœur et d'esprit. Par exemple mon ami Alexandre Jollien, si lourdement handicapé et si merveilleux. Il court moins vite que les autres ? Et alors ? Avoir le sens de l'humour, être lucide et tendre, intelligent et courageux, c'est quand même plus important que courir vite ou longtemps !

*Certains philosophes ont pourtant réfléchi sur le sport… Michel Serres, par exemple, en exergue de* Variations sur le corps[1], *remercie ses professeurs de gymnastique de lui avoir « appris à penser ». Peut-on envisager un apprentissage de la pensée passant par le sport ?*

Pour Michel Serres, peut-être ; pas pour moi. Je serais d'ailleurs incapable de dire le nom d'aucun de mes professeurs d'éducation physique, encore moins de restituer quoi que ce soit de leur enseignement. Les gens qui m'ont appris à penser, ce sont surtout des professeurs de philosophie et, mieux encore, des philosophes, comme Spinoza, que vous évoquiez à l'instant, comme Épicure ou Aristote, Descartes ou Kant. Cela ne veut pas dire que le sport n'ait pas sa place dans une éducation bien conçue ! Qu'il ait un rôle à jouer, on le sait depuis les Anciens. *Mens sana in corpore sano*… Mais ce n'est qu'un outil, qu'un moyen. Le but de l'éducation, ce n'est pas de faire des champions, ni même des athlètes, mais des esprits libres.

1. Michel Serres, *Variations sur le corps*, Paris, Le Pommier, 1999.

*Il vous semble difficilement concevable d'apprendre à penser avec un professeur de gymnastique ?*

Gardons à l'esprit la formule de Spinoza : « Ce n'est pas parce qu'une chose est bonne que nous la désirons, c'est inversement parce que nous la désirons que nous la jugeons bonne. » Si vous aimez le sport, il sera important dans votre vie, et pourra même vous aider à penser; si vous ne l'aimez pas, il vous importera peu et ne vous apprendra guère. Ce qui nous apprend à penser, ce sont toujours des choses que l'on aime : la sexualité m'a appris à penser, l'amour aussi, comme la politique, comme l'écriture ou l'enseignement, comme la paternité, comme l'amitié, comme le deuil (la perte d'un être aimé), comme l'art, comme la philosophie… Autant d'expériences, pour moi, essentielles. Mais le sport, non. Ce qui n'empêche pas qu'il ait été important dans la vie de Michel Serres ou lui ait appris à penser. Grand bien lui fasse !

*Le sport n'est pas seulement une affaire de performances. Il représente aussi un apprentissage de la maîtrise, de l'accomplissement du corps...*

Soit. Mais la maîtrise du corps ne s'apprend pas seulement dans le sport. Regardez les enfants : ils apprennent à se tenir debout, à marcher, à parler, à être propres, bien avant de faire du sport ! Enfant, je souffrais d'un trouble de l'élocution : maîtriser ma langue, ce fut un long et douloureux combat ! Plus tard, j'ai fait du jogging, pendant assez longtemps, et cela m'a sans doute appris certaines choses – quoique je sois bien en peine de dire lesquelles (sauf peut-être l'importance de l'humilité : j'avais toujours tendance à courir trop vite pour mon niveau d'entraînement). Mais j'ai pratiqué aussi, et je pratique encore, quoique irrégulièrement, la méditation assise, silencieuse et sans objet – le *zazen* des Japonais. Cela m'en a appris davantage ! Pour ce qui est de la maîtrise du corps, l'immobilité stricte, la respiration et l'attention ont été pour moi des sources d'enseignement bien plus riches que la course à pied !

*Nous sommes au plus près des vertus du silence...*

Parce que nous sommes au plus près de l'attention pure. Simone Weil disait que « l'attention absolument pure est prière ». Mais c'est une prière qui ne dit rien, qui ne demande rien. Pour moi, ce n'est donc pas une prière, au sens ordinaire du mot, mais plutôt une méditation, une contemplation. Attention à quoi ? À rien : à tout. Au présent qui passe et qui continue, qui passe et demeure... C'est la seule éternité disponible. Être assis, le dos droit, immobile et en silence, c'est assurément un exercice corporel : l'immobilité en acte ! Ce n'est pas un sport. En somme, si le corps m'apporte et m'importe beaucoup (mon premier livre s'appelait *Du corps*), le sport m'importe très peu. Là où je m'éprouve le mieux en tant qu'être corporel, ce n'est pas dans le peu de sport que j'ai fait, c'est dans la vie quotidienne, dans les plaisirs de la table, dans les plaisirs de l'amour, dans la pratique du jardinage ou du bricolage, dans la marche (mais qui relève, telle que je la pratique, de la promenade ou de la randonnée plus que du sport), dans la pratique de la parole publique (le corps y joue son rôle), et plus encore, peut-être, dans la pratique de la méditation. « Nous sommes merveilleusement corporels », disait Montaigne. J'en suis d'accord. Mais pas besoin de faire du sport pour s'en rendre compte, ni pour en jouir !

# Le but et la fin
## (*skopos* et *télos*)

*On trouve cependant dans votre œuvre, incidemment, des références qui présentent un intérêt sinon pour le sportif, du moins pour la question sportive. Par exemple, dans* Une éducation philosophique[1], *lorsque vous distinguez, à la suite des stoïciens, entre le* skopos *et le* télos, *entre le but et la fin, deux manières de se rapporter au temps…*

Au temps et à l'action ! C'est l'un des rares textes où j'ai parlé de sport… Je revenais sur la distinction stoïcienne entre le *skopos* (« le but ») et le *télos* (« la fin », au sens de la finalité). Prenons un exemple concret : la course à pied. Le but, dans une compétition, c'est la

1. André Comte-Sponville, *Une éducation philosophique*, Paris, PUF, 1989 (voir spécialement les p. 215-216).

ligne d'arrivée ou la victoire. Tant qu'on court, ce but est à venir, puisqu'on ne l'a pas atteint. La fin, c'est de courir – sur la durée de toute la course – le plus vite possible. Le sportif qui en est à sa troisième foulée n'a pas encore atteint son but, puisqu'il n'a pas atteint la ligne d'arrivée ; mais s'il est déjà en train de courir le mieux possible, il atteint déjà son *télos* ! Et même au moment où il se lance : sa fin, c'est de réussir son démarrage ; il l'atteint, si le démarrage est réussi, dès qu'il quitte les starting-blocks ! Le *skopos*, le but, est toujours à venir, il n'est jamais là (lorsqu'on l'a atteint, ce n'est plus un but : la course est terminée). Alors que le *télos* (la finalité interne à l'action) est toujours présent, toujours actuel, toujours déjà là, du moins dès qu'on agit correctement. Le but nous sépare du bonheur (puisqu'on ne sera heureux, croit-on, que lorsqu'on l'aura atteint : « Qu'est-ce que je serai heureux, si je gagne la course ! ») ; la fin nous y mène (« Qu'est-ce que je suis heureux de courir ! »).

Je vous disais que j'ai un peu pratiqué le jogging, dans ma jeunesse, ou plutôt vers la trentaine. Qu'est-ce qui vous fait avancer, lorsque vous courez ? Le désir, bien sûr, puisque « le désir est l'unique force motrice », comme disait Aristote. Mais quel type de désir ? Le manque, comme chez Platon ? Ou bien la puissance, comme chez Spinoza ? Reconnaissons-le : c'est plus souvent le manque ! Vous courez après quelque chose qui vous manque, que vous n'avez plus ou pas encore : la forme idéale, la santé à venir (celle que vous n'avez pas !), la jeunesse (celle que déjà vous n'avez plus tout à fait), peut-être les deux kilos à perdre, ou simplement le but que vous vous êtes fixé, par exemple courir une demi-heure (« Vivement que j'en aie fini ! »), ou bien courir jusque chez vous (« Vivement que j'y sois ! »). Comment seriez-vous heureux, puisque vous désirez ce que vous n'avez pas, ce qui vous manque, puisque vous n'avez pas ce que vous désirez (la forme ou la santé idéales, la jeunesse, la minceur, la demi-heure d'effort, le repos) ? Vous venez de commencer à courir. Vous avez hâte, déjà, que ça se termine !

Sauf qu'il arrive parfois que cela se passe autrement. Vous avez couru cinq ou dix minutes, et, soudain, ce miracle du second souffle ! Vous n'avez mal nulle part, les jambes légères, le souffle assuré, l'esprit détendu : vous êtes bien, étonnamment bien ! Vous avez le sentiment – bien sûr illusoire – que vous pourriez courir indéfiniment. Les endorphines y sont sans doute pour quelque chose, mais il n'y a pas que cela. Vous avez oublié les inquiétudes de santé, la jeunesse qui fout le camp ou les kilos à perdre : vous ne désirez rien d'autre que la foulée que vous accomplissez, au moment même où vous l'accomplissez ! Ce sont les beaux moments de la course à pied. Vous avez oublié le *but* (la santé, la jeunesse, la minceur, la demi-heure d'effort, le repos qui suivra) ; vous ne cessez, à chaque foulée, au présent, d'atteindre la *fin*, qui est cette foulée même.

C'est tout aussi net si vous jouez au tennis ou au football : votre but, c'est la victoire. Mais lorsque vous l'aurez atteint ou raté, il sera trop tard : le match sera terminé ! La fin, tant que le match continue, c'est de jouer le mieux possible, en fonction du niveau qui est le vôtre : il suffit d'être attentif et concentré pour que ce soit en effet le cas.

Prenons l'exemple que donnent aussi bien les stoïciens que certains textes bouddhistes ou taoïstes : celui du tireur à l'arc. Supposons la finale de l'épreuve de tir à l'arc, lors des Jeux olympiques. Chaque finaliste, le moment venu, vise la cible. Vous les interrogez les uns après les autres. Vous demandez au premier : « Alors, vous espérez atteindre la cible ? » Il vous répondra qu'il l'espère évidemment, puisque c'est la finale des Jeux olympiques ! Et comme « il n'y a pas d'espoir sans crainte », comme dit Spinoza, parce qu'il espère atteindre la cible, inévitablement, il a peur de la rater. C'est ce qu'on appelle, en termes sportifs, la « pression ». Il espère très fort atteindre la cible, et d'autant plus que c'est la finale ; il a donc très peur de la manquer. Comme c'est un grand champion, il atteint tout de même la cible, mais, parce que sa main a très légèrement tremblé, à cause de la pression, il ne l'atteint pas en plein centre.

Si vous posez la même question aux finalistes suivants, tous vous répondront pareillement qu'ils espèrent atteindre la cible, puisqu'ils sont venus pour ça, puisque ce sont les Jeux olympiques, puisqu'ils s'y préparent depuis des années, puisque c'est la finale… Mais parce qu'ils espèrent tous l'atteindre, tous auront peur de la rater. Ils ne sont pas heureux : ils sont tendus, anxieux, avides, inquiets. Ils se disent : « Qu'est-ce que je serais heureux, si j'atteignais le centre de la cible, si je gagnais la médaille d'or ! » La flèche n'est pas encore partie ; ils voudraient être déjà sur le podium ! Quoi de plus sot ? Quoi de plus compréhensible ? Ce sont des enfants, comme nous tous, pleins d'espoirs et de craintes, pleins d'impatience et d'avidité. Leurs mains tremblent très légèrement : ils toucheront la cible, mais pas en plein centre.

Imaginons que vous interrogiez le dernier finaliste, qui serait, par exemple, un petit archer japonais ou coréen, qui ne paie pas de mine, entre deux âges, un maître zen quelconque. Vous lui demandez : « Alors, vous aussi, vous espérez atteindre la cible ? » Il vous répondra : « Bien sûr que non ! Pourquoi voulez-vous que j'espère l'atteindre ?

— Parce que c'est la finale des Jeux olympiques ! Si vous la visez, c'est que vous espérez l'atteindre…

— Pas du tout ! D'ailleurs, comment voulez-vous que je l'atteigne, puisque la flèche n'est pas encore partie ?

— Mais alors, si vous n'espérez pas atteindre la cible, pourquoi la visez-vous ?

— Parce que je veux la viser. Or, vous voyez : c'est exactement ce que je fais ! »

Il est peut-être le seul, sur le champ de tir, qui ne désire pas quelque chose qui soit à venir – atteindre la cible – mais quelque chose qu'il fait (viser). Il n'attend pas : il est attentif. Il n'espère pas : il veut, il agit. Il ne poursuit pas un but (*skopos*). Il atteint, mais au présent, sa fin (*télos*). C'est ce que les Orientaux appellent le détachement par rapport au fruit de l'acte. Notre maître zen est le seul, parmi tous les finalistes, qui ne désire que ce qu'il fait, qui ne fait que ce qu'il désire – qui est libre. Comment ne serait-il pas comblé ? Alors que les autres finalistes, qui poursuivent un but (la victoire), qui espèrent atteindre la cible, désirent par définition ce qu'ils n'ont pas (puisque la compétition n'est pas terminée, puisque la flèche n'est pas encore partie). Ils sont en manque, comme les amoureux selon Platon ! Désirer atteindre la cible, lorsqu'on vise, c'est désirer l'avenir, donc désirer ce qu'on n'a pas. C'est ce qu'on appelle une espérance, et il n'y a pas d'espoir sans crainte. Tant que j'espère atteindre la cible, je suis séparé du bonheur par l'espérance même qui le poursuit. La flèche n'est pas encore partie : qu'est-ce que je serais heureux, si elle avait déjà atteint la cible ! Qu'est-ce que j'ai peur de la rater ! Le sage, lui, n'espère pas atteindre la cible ; il veut seulement la viser bien. Or c'est exactement ce qu'il fait. De quoi aurait-il peur ?

Si bien que les autres, désirant ce qu'ils n'ont pas, n'ont pas ce qu'ils désirent, donc ne sont pas heureux, puisqu'être heureux c'est avoir ce qu'on désire, ni sereins, puisqu'ils ont peur d'échouer. Le dernier ne désire qu'une seule chose : viser la cible. Il désire ce qu'il fait ; il fait ce qu'il désire. Aucun manque chez lui : son désir n'est pas manque mais puissance, et puissance en acte ! Aucun espoir, mais la plénitude de l'agir, la perfection du geste, la pureté de l'attention, la simplicité de vivre. Il est à la fois concentré et détendu (« en souplesse », comme dit Épictète), « sans pression », comme diraient les sportifs, sans angoisse. Il est libre, serein, attentif : aussi est-il capable, disent les textes zen, « d'atteindre un pou en plein cœur ».

Les premiers finalistes que j'évoquais visent un *skopos*, un but, et donc désirent ce qu'ils n'ont pas (la flèche n'est pas encore partie : comment pourraient-ils avoir atteint la cible ?). Notre maître zen ne désire aucun *skopos*, il désire un *télos*, qu'il réalise dans l'instant : il ne désire rien d'autre, tant qu'il vise, que viser bien – et c'est en effet ce qu'il fait. Les premiers désirent l'avenir, qui ne saurait tout à fait dépendre d'eux (il y a aussi les autres concurrents, une éventuelle saute de vent soudaine…) et qu'ils ignorent. Ils espèrent, donc ils ont peur. Le dernier ne désire, au présent, que ce qui est (participer à la finale), que ce qui dépend de lui (viser bien), et il le sait.

Il désire ce qui est : ce n'est plus espérance, mais amour.

Il désire ce qu'il fait : ce n'est plus espérance, mais volonté en acte.

Il sait ce qu'il désire et fait : ce n'est plus espérance, mais savoir.

En matière de tir à l'arc, il me semble que le dernier finaliste bénéficiera d'un avantage, et que, toutes choses égales par ailleurs, si tous ont le même niveau sportif, il sera le meilleur. Cela dit, ce n'est pas ce qui importe. La sagesse est plus précieuse que la victoire. D'ailleurs, si c'est vraiment un sage, vous vous doutez bien qu'il ne va pas perdre son temps à participer aux

Jeux olympiques ! Ce sont plutôt les sportifs professionnels qui se mettront éventuellement au yoga ou à la méditation...

La portée philosophique de cette distinction, entre *skopos* et *télos*, n'en est pas moins essentielle. Désirer ce qui n'est pas, ce qui ne dépend pas de nous et qu'on ignore, c'est se vouer à l'espoir et à la crainte, donc se séparer du bonheur dans le geste même qui le poursuit. « Qu'est-ce que je serais heureux si j'atteignais la cible ! » Autant dire, comme Woody Allen : « Qu'est-ce que je serais heureux si j'étais heureux ! » Les premiers finalistes vivent dans l'angoisse : ils espèrent atteindre la cible, ils ont peur de la rater. Le dernier se moque d'atteindre ou non la cible ; il la vise, c'est tout ce qu'il désire, et c'est ce qu'il fait : il est heureux. Les textes stoïciens disent que le sage préfère viser bien la cible et la rater, parce qu'une saute soudaine de vent aura fait dévier la flèche, plutôt que viser mal la cible et l'atteindre pourtant, parce qu'une saute de vent imprévue aura remis la flèche dans la bonne direction. Ce qui importe, ce n'est pas le résultat de l'acte, pas le fruit de l'acte, comme disent les Orientaux, mais l'acte lui-même, sa qualité intrinsèque. Ce n'est pas le but – le *skopos* –, mais la fin – le *télos*. C'est là qu'il y a le plus d'épanouissement, de sérénité, de simplicité, et sans doute aussi, me semble-t-il, le plus d'efficacité.

D'ailleurs, il me semble que les coachs sportifs le savent à peu près. Plusieurs, je l'évoquais à l'instant, conseillent le yoga ou la méditation à leurs ouailles ; d'autres découvrent sur le tas le chemin de la simplicité, de l'attention pure, du détachement par rapport au fruit de l'acte. J'ai entendu Amélie Mauresmo, une fois devenue coach, donner ce conseil :

« Quand tu tapes dans la balle, ne pense pas à la victoire ou à la défaite. Ne pense qu'à une seule chose : taper dans la balle ! »

*Il n'est pas anodin que, pour illustrer une réflexion philosophique sur le désir, sur l'espérance, sur la volonté, vous preniez un exemple sportif. Le sport aurait donc bien une vertu pédagogique…*

J'aurais pu emprunter mon exemple au monde de l'art, des affaires ou de la politique… Mais oui, bien sûr, comme toute activité humaine, le sport peut avoir des vertus pédagogiques. Ni plus ni moins qu'une autre. Ce qui me désole, c'est la manière de le pratiquer aujourd'hui. On met dans la tête de malheureux enfants des objectifs absurdes, qui les vouent à désirer perpétuellement un but à venir. Un gamin de sept ans qui fait ses premiers échanges au tennis et à qui l'on fait miroiter que dix ou vingt ans plus tard il fera peut-être partie des meilleurs joueurs mondiaux ! C'est l'enfermer dans l'espérance, donc dans la crainte. Et pour un qui va réussir, combien vont échouer, qui en garderont de l'amertume ? Quand je pense à ces centaines de jeunes qui passent des heures chaque jour à faire des longueurs de piscine, dans l'espoir de gagner, dans dix ans, une possible médaille olympique ! Il y a quand même mieux à faire de son enfance, de son adolescence, de sa jeunesse, que de faire des longueurs de piscine jusqu'à vous en dégoûter !

La façon dont le sport est trop souvent pratiqué me paraît un piège. C'est surtout vrai du sport de compétition. À un moindre niveau, on peut trouver dans le sport des vertus d'humanisme, de rigueur, voire de sagesse. Mes trois garçons, dans leur enfance, étaient inscrits au club de football de la petite ville que nous habitions, en Seine-et-Marne. Ils avaient donc un carnet de licence, qui, une année, fut préfacé par Michel Platini, déjà à la retraite comme joueur, mais au sommet de sa gloire. Il disait en substance, à ces sportifs en herbe : « Ne rêve pas que tu seras footballeur professionnel ; ne rêve pas que tu participeras à la Coupe du monde de football... Prends plaisir à taper dans le ballon quand tu tapes dans le ballon ! » Cela m'avait touché. C'était une sorte de leçon de sagesse à l'usage des jeunes générations. Il est plus important de leur apprendre à trouver du plaisir à jouer au foot quand ils y jouent, à courir lorsqu'ils courent, à taper dans le ballon lorsqu'ils tapent dedans, que de les pousser à espérer qu'ils auront, dans dix ou quinze ans, un niveau d'exception (celui des grands champions) que, selon toute vraisemblance, ils n'atteindront jamais !

« Va au bout de ton rêve », disent les imbéciles. Eh bien alors, ne rêvons pas de devenir des champions ! Combien de jeunes garçons commencent leur vie d'adulte, tristement, sur un constat d'échec : ils ne seront jamais footballeurs professionnels ! Quelle tristesse ! Quelle sottise ! Quel gâchis !

*On retrouve la phrase de Sénèque, dans les* Lettres à Lucilius, *que vous aimez à citer : « Quand tu auras désappris à espérer, je t'apprendrai à vouloir. »*

Oui, sauf que je suis moins sévère que Sénèque ! Je n'interdis pas d'espérer : je suggère d'espérer un peu moins, et surtout de connaître, de vouloir (donc d'agir) et d'aimer un peu plus ! Celui qui emporte la victoire, ce n'est pas celui qui l'espérait le plus fort ; c'est le plus doué, le mieux entraîné (et l'on ne s'entraîne qu'au présent : affaire de volonté plus que d'espoir), le plus concentré (celui qui est tout entier dans son geste, au lieu de rêver à la victoire). Cela culmine dans le geste parfait : être un avec l'acte qu'on accomplit, au moment où on l'accomplit ! Le vrai champion zen, le maître de sagesse qui serait par ailleurs un sportif, se reconnaîtrait à ceci qu'il n'espère pas la victoire, qu'il n'a donc pas peur de la défaite ; il n'en est que plus attentif, que mieux concentré. Alors que celui qui pense à la victoire ou qui craint la défaite est séparé de son acte par le fruit qu'il en attend ou en redoute. Il est séparé du présent par l'avenir, du réel par l'imaginaire, de l'acte par le mental, de tout par l'*ego* ! Au contraire, celui qui s'est libéré, au moins provisoirement, de l'espoir et de la crainte, vit tout entier au présent, est tout entier dans son acte. Il sera beaucoup plus redoutable, comme le samouraï qui est d'autant plus à craindre que lui ne craint rien ! Il n'espère pas la victoire ni n'a peur de la défaite : il se bat, et cela lui suffit.

# « Une éthique aristocratique pour tout le monde »

*Ne faut-il pas faire une distinction très nette entre le sport comme accomplissement de soi, qui participe de notre excellence (au sens grec du terme), et le sport en tant que dépassement de soi, avec l'idée de performance, de compétition ? Ne sont-ce pas là non seulement deux conceptions du sport mais, plus généralement, deux postures de l'homme à l'égard de son corps, à l'égard du temps ?*

Il faut surtout distinguer entre un sport qui fait du bien (la santé, la souplesse, l'accomplissement de soi) et un sport qui fait du mal (c'est le cas, très souvent, dans les sports de compétition : ils font du mal au corps, souvent aussi à l'esprit). Un rugbyman ou un skieur qui reste tétraplégique, à vingt ans, ça ne vous fait pas froid dans le dos ? Et le tennisman de quarante ans, perclus de tendinites ? Et le boxeur vieilli avant l'âge, atteint d'encéphalite traumatique ou de « démence pugilistique » ? Et le cycliste ou l'haltérophile, devenu accro aux amphétamines ou à je ne sais quoi ? Et tous ces ex-futurs-champions, ou qu'on disait tels, qui ressassent leur déception de n'avoir pas eu la carrière ou la gloire qu'ils espéraient ? Sincèrement, à quinze ans, mieux vaut souhaiter réussir ses études que rêver de devenir un champion !

Quant au prétendu dépassement de soi, c'est évidemment une métaphore, mais absurde : courez aussi vite que vous pourrez, je suis bien certain que vous ne vous dépasserez jamais ! Vous courrez plus vite demain qu'hier ? Peut-être. Mais ça ne durera pas : vous courrez moins vite dans dix ans qu'aujourd'hui. Vouloir perpétuellement se dépasser, se vaincre, se surmonter, c'est une tâche vaine, vouée à l'échec ultime. Bref, vous avez raison, il faut faire une distinction très nette entre un sport qui se vit dans une forme de liberté, de paix, d'épanouissement – un sport non seulement amateur mais de loisir – et un sport qui se vit au contraire tout entier dans la contrainte, le culte de la performance ou du record, dans l'espérance de la victoire, la crainte de la défaite. Ce n'est pas du tout la même chose ! Autant je suis très réservé vis-à-vis du sport de compétition, surtout professionnel, autant je n'ai rien, bien entendu, contre le sport passe-temps ou hygiène, qui entretient « un esprit sain dans un corps sain », pour reprendre la formule bien connue.

N'en concluez pas que je serais opposé à toute compétition ! L'émulation, tant qu'elle reste raisonnable, je n'ai rien contre. Quand je joue au ping-pong avec mes amis, j'accepte volontiers de perdre, mais je préfère gagner, et je n'aime guère jouer avec ceux que la victoire indiffère ! La rage de vaincre, chez l'adversaire comme chez soi, c'est plus amusant ! À quoi bon jouer, si ce n'est pour gagner ? Pour passer le temps ? Autant lire un bouquin, bavarder ou regarder un film !

C'est une question de degré. Ce n'est pas la compétition qui me gêne, c'est l'importance exagérée que certains lui donnent. Le sport reste à mes yeux un divertissement, qu'on a toujours tort de prendre trop au sérieux. Une médaille d'or ? Un record ? Une

Coupe du monde ? La belle affaire ! La gloire ? C'est toujours un leurre, mais plus encore dans le sport que dans d'autres domaines. Qui était le recordman du cent mètres en 1900 ? Et en 1950 ? Et en 1980 ? Qui s'en soucie ? Passer quinze ou vingt ans de sa jeunesse dans l'espoir de battre un record qui sera vite battu par un autre puis oublié, cela me semble manifester un contresens sur l'existence humaine en général, et sur le sport en particulier.

Le sport bien compris doit moins servir à battre des records ou à battre les autres qu'à s'épanouir (pour ceux qui aiment le sport). Il doit tendre à « devenir ce que l'on est » (comme disait Nietzsche citant Pindare), plutôt qu'à dépasser perpétuellement celui que l'on était. Au reste, sur ce prétendu « dépassement », Montaigne, sans penser au sport et cette fois contre les stoïciens, a dit l'essentiel :

> « Ô la vile chose, dit Sénèque, et abjecte, que l'homme, s'il ne s'élève au-dessus de l'humanité ! Voilà un bon mot et un utile désir, mais pareillement absurde. Car de faire la poignée plus grande que le poing, la brassée plus grande que le bras, et d'espérer enjamber plus que de

> l'étendue de nos jambes, cela est impossible et monstrueux. Ni que l'homme se monte au-dessus de soi et de l'humanité : car il ne peut voir que de ses yeux, ni saisir que de ses prises[1]. »

Il ne s'agit pas de se dépasser : il s'agit de « faire bien l'homme, et dûment », comme dit encore Montaigne. Le sport peut y aider, parfois, mais ne saurait en tenir lieu.

*Le sport est le reflet de la société, et la société se projette dans le sport. L'idée de compétition dont nous parlons, cette perpétuelle quête de la performance, est un élément dominant de nos sociétés contemporaines.*

C'est en partie inévitable, et même légitime, mais aussi problématique. Nous vivons dans une société démocratique, où règne une morale égalitaire, celle des droits de l'homme. Je ne suis évidemment pas

1. Michel de Montaigne, *Essais*, II, 12, p. 604 de l'édition Villey-Saulnier, Paris, PUF, 1965 ; rééd. coll. « Quadrige », 2004.

contre, je suis même absolument pour ! Mais je m'interroge sur son rapport au sport. Deux traits, entre autres, caractérisent notre société : d'un côté, les droits de l'homme ; de l'autre, le sport médiatisé. Or, notre morale démocratique est fondée sur l'idée que tous les êtres humains sont égaux ; et le sport de compétition, à l'inverse, est fondé sur le fait que les êtres humains sont inégaux. C'est le principe même d'un sport de compétition : si tout le monde courait à la même vitesse, il serait inutile d'organiser une épreuve de course à pied ! Voilà quelque chose d'intéressant. Sommes-nous confrontés à une contradiction logique ? Non pas, car on ne parle pas de la même égalité. L'égalité sur laquelle se fondent les droits de l'homme est une égalité en droits et en dignité. L'inégalité que suppose la compétition sportive est une inégalité en fait et en valeur. On peut donc penser les deux à la fois sans se contredire. D'un côté, la morale démocratique, celle des droits de l'homme : tous les êtres humains sont égaux en droits et en dignité ; de l'autre, le sport, la compétition (mais aussi bien l'éthique ou l'esthétique) : tous les êtres humains ne sont pas égaux en fait et en valeur. Il est essentiel de tenir les deux bouts de la chaîne, sans les confondre.

Dans nos écoles, on a souvent supprimé les classements, voire parfois les notes, parce que, m'expliquent certains collègues, le classement et les notes sont discriminatoires, donc humiliants pour les plus faibles, et développent en outre un sentiment indu d'émulation, de rivalité, de compétition, spécialement chez les plus forts. Bref, on supprime l'émulation et la compétition à l'école, alors qu'elles font partie non seulement de la société – vous l'avez rappelé –, mais aussi de la nature ! L'émulation, la compétition, le combat, le rapport de force, l'inégalité en fait et en valeur font partie de la vie. Là-dessus, Nietzsche a raison. Si bien que nos malheureux enfants, auxquels on interdit l'émulation et la compétition scolaires, ne trouvent plus que dans le sport l'émulation ou la compétition, auxquelles ils restent attachés. Plus de classement en classe, mais beaucoup de jeunes garçons peuvent vous réciter par cœur le classement de la Ligue 1, celui des meilleurs buteurs, voire celui de la rémunération des principaux joueurs dans le monde entier ! Chassez le naturel, il revient au galop ! Je crains qu'il n'y ait une espèce de solidarité ou de compensation entre, d'un côté, le style un peu gentillet de nos pédagogies, qui sont tellement attachées à l'égalité qu'elles veulent supprimer toute compétition, toute émulation, tout classement, voire toute note, et, d'un autre côté, la surévaluation des sports de compétition, qui deviennent d'autant plus importants que c'est l'un des rares domaines où l'on ose encore penser que tous les êtres humains ne sont pas égaux en fait et en valeur ! À l'école : les Bisounours égalitaires. Dans le sport : la manie des classements, des hiérarchies, des records, y compris s'agissant des rémunérations !

Mais j'ai tort de parler de Bisounours à l'école : c'est plus souvent le règne de petites brutes ignares, qui traitent les bons élèves de bouffons ! Je préférerais qu'on admire un peu moins les champions, un peu plus les profs (qui font un métier autrement difficile) et les premiers de la classe !

*Donc, il faut tenir bon sur les deux plans : sur l'égalité en droits et en dignité (l'éthique démocratique), et sur l'inégalité en fait et en valeur (qui justifie la compétition, y compris, mais pas seulement, dans le sport)...*

Exactement ! Tous les êtres humains sont égaux en droits et en dignité, ce qui veut dire qu'ils méritent tous le même respect. Mais tous ne sont pas égaux en fait et en valeur : tous ne méritent pas la même estime, ni, *a fortiori*, la même admiration. Ce mot de « respect » est d'ailleurs employé, dans le sport, le plus souvent à contresens. Tel capitaine d'une équipe de football, parlant de la prochaine équipe qu'il doit affronter, dira : « J'ai beaucoup de respect pour eux. » Sous-entendu : c'est une bonne équipe, ils peuvent nous battre, on le sait bien, on fera donc attention. Mais la question n'est pas là ! Quand bien même ce serait la plus nulle des équipes, quand bien même notre footballeur serait absolument certain que sa propre équipe va les vaincre, il devrait tout de même avoir du respect pour eux ! On peut avoir de l'estime ou de l'admiration pour les bonnes équipes ; on doit avoir du respect pour tout être humain, quand bien même il serait incapable de marquer le moindre but.

Qu'est-ce que l'estime ? Le sentiment de la valeur de l'autre. Qu'est-ce que le respect ? Le sentiment de sa dignité. Dès lors que tous les êtres humains sont égaux en droits et en dignité, ils méritent tous le même respect. Cela ne veut pas dire qu'ils méritent tous la même estime ou la même admiration ! Cessons donc de confondre le respect, qui est le sentiment que requiert la dignité de l'autre (comme toute dignité est égale à toute autre, tout respect doit être égal à tout autre), avec l'estime, l'admiration, ou négativement le mépris, qui portent non sur la dignité mais sur la valeur. Comme tous les êtres humains ne sont pas égaux en valeur (par exemple sportive), il est tout à fait légitime, si l'on aime le football, d'admirer davantage Zinédine Zidane qu'un joueur de troisième division. Mais lui manifester davantage de respect, non. C'est très important ! Si on oublie l'inégalité en fait et en valeur, on ment à nos enfants. Si l'on veut leur faire croire qu'il n'y a plus de compétition, qu'il n'y a plus d'émulation, que tout se vaut, on leur ment, on les démobilise, et on aboutit tendanciellement au nihilisme. Si tout se vaut, rien ne vaut ! À quoi bon lutter ? À quoi bon, même, faire du sport ? Mais si on oublie l'égalité en droits et en dignité, on tombe dans la barbarie, fût-elle sportive et médiatique !

Les êtres humains ne sont pas égaux en fait et en valeur. Ils ne le sont pas physiquement : certains courent plus vite ou plus longtemps que d'autres, sont plus doués pour le foot ou le tennis que d'autres, etc. Ils ne le sont pas intellectuellement : certains sont plus intelligents que d'autres. Ni esthétiquement : certains sont plus beaux que d'autres. Ni, surtout, moralement : certains sont plus généreux, plus justes, plus courageux, plus aimants que d'autres. Faut-il, pour être démocrate, penser qu'Hitler est égal, en fait et en valeur, à Churchill ? Ce serait un singulier paradoxe ! Je suis convaincu du contraire : Churchill est évidemment supérieur en fait et en valeur à Hitler, et d'autant plus s'il pensait que tous les êtres humains sont égaux en droits et en dignité, alors qu'Hitler pensait le contraire. La claire pensée de l'égalité en droits et en dignité de tous les humains n'annule donc pas leur inégalité en fait et en valeur, mais bien plutôt la confirme : celui qui respecte l'égalité en droits et en dignité de tous les humains est moralement supérieur, en fait et en valeur, à celui qui la nie ou la viole !

Si on oublie l'inégalité en fait et en valeur, on tombe dans l'angélisme, on ment à nos enfants, on les démobilise, et on fait le jeu du nihilisme. Mais si on oublie l'égalité en droits et en dignité, on trompe aussi nos enfants, on les démobilise tout autant, quoique pour d'autres raisons, on fait là encore le jeu du nihilisme, parce qu'on sape les bases de la morale humaniste et universaliste qui est la nôtre, on sape les droits de l'homme ! Le sport pourrait être l'occasion de faire passer ce message : respectez vos adversaires comme vos coéquipiers, ce sont des êtres humains, ils méritent tous le même respect, même s'ils sont peu doués pour le sport. Et ayez davantage d'admiration pour les plus grands champions que pour les petits copains avec qui vous jouez au ballon le dimanche. Là, il ne s'agit plus de respect, seulement d'estime ou d'admiration, parfois de fierté (qui est l'estime de soi), voire d'amour-propre ou du sens de l'honneur…

Vous connaissez la belle formule du philosophe Alain : « L'honneur, ce fusil chargé… » Lorsque les jeunes des banlieues parlent de respect, ce qu'ils exigent, bien souvent, c'est qu'on respecte leur honneur, plutôt que leur dignité. On a pu tuer, à la sortie de nos collèges, pour un regard qui semblait porter atteinte à l'honneur de l'autre ! Le respect n'a jamais abouti au meurtre, alors que l'honneur peut y conduire (voyez les atroces et prétendus « crimes d'honneur », dont les femmes sont parfois victimes). C'est pourquoi il est tout à fait essentiel de ne pas confondre ce qui relève du respect (la prise en compte de l'égale dignité de l'autre), ce qui relève de l'amour-propre ou de l'honneur (qui sont moins des vertus que des faiblesses), et ce qui relève de la légitime compétition, c'est-à-dire de l'inégalité en fait et en valeur des êtres humains, dont les uns sont admirables, dans tel ou tel domaine, d'autres non, sans cesser pour cela d'être tous égaux en droits et en dignité.

Je rêve d'un sport qui serait une leçon pour nos enfants, qui leur rappellerait que tous les humains sont égaux en droits et en dignité, qui les aiderait à comprendre que tous les humains ne sont pas égaux en fait et en valeur, et qu'on ne saurait renoncer ni à cette égalité, qui fonde les droits de l'homme, ni à cette inégalité, qui fait partie du réel et de la vie.

Voilà ce que le sport peut nous aider à expliquer : que le respect (égal pour tous) et l'admiration (par nature inégale) peuvent et doivent aller ensemble, au même titre que la justice (qui suppose que tous ont les mêmes droits) et la compétition (qui suppose que tous n'ont pas la même force ou le même talent) !

*Peut-être le sport peut-il contribuer à réconcilier l'idéal démocratique, l'idéal égalitaire, et un certain idéal « aristocratique » ?*

Vous avez raison de rappeler la différence qu'il y a entre la morale démocratique – celle des droits de l'homme (« Les hommes naissent et demeurent libres et égaux en droits et en dignité »), qui nous vient du XVIIIe siècle, des Lumières, de la Révolution française –, et la morale des Anciens, qui relevait de ce que l'on peut appeler une éthique aristocratique. Pour Platon, Aristote ou Épicure, il était évident que tous les êtres humains n'étaient pas égaux. Aussi fallait-il s'efforcer de faire partie des meilleurs, c'est-à-dire des aristocrates, au sens littéral ou étymologique du mot. Aristocratie d'esprit, non de sang, cela va de soi, acquise davantage qu'innée, mais aristocratie quand même ! Disons que c'était un élitisme philosophique. Si le sage n'était supérieur aux autres, à quoi bon philosopher ?

Le sport, bizarrement (mais légitimement, et cela pourrait faire partie de son beau côté, de sa dimension pédagogique, humaine, libératrice peut-être), redonne sa place à une éthique aristocratique dans l'univers démocratique qui est le nôtre. Quand on dit : « Que le meilleur gagne ! », ce qui est la formule même de l'esprit sportif, cela suppose que tous les êtres humains ne sont pas égaux (puisque certains sont meilleurs que d'autres), et que la compétition entre eux est justifiée : il s'agit de découvrir qui sont les meilleurs, de tel ou tel point de vue, autrement dit de dégager une aristocratie ou une élite sportive. C'est l'esprit du sport de compétition, même chez les amateurs, et cet esprit, tant qu'il reste raisonnable, me paraît tonique et sain : mieux vaut s'opposer sur un terrain de foot, un ballon au pied, que les armes à la main, sur un champ de bataille ou dans une cité quelconque !

Francis Wolff, dans un très beau livre consacré à la corrida[1], écrit, à propos de l'éthique *torera*, qu'il s'agit d'« une éthique aristocratique pour tout le monde ». Cela vaut en général pour le sport, me semble-t-il, et explique une partie de son succès. On a affaire à une éthique aristocratique (il s'agit de faire partie des meilleurs, ou de les admirer), mais pour tout le monde, donc dans un univers démocratique ! Car le sport n'est pas réservé à une élite par la naissance, le sang ou la fortune. Donner une place à une éthique aristocratique (fondée sur l'inégalité en fait et en valeur des êtres humains) dans un univers démocratique (fondé sur leur égalité en droits et en dignité) me paraît nécessaire et légitime.

Cela ne vaut pas seulement dans le sport. C'est vrai aussi en art : il y a des artistes supérieurs à d'autres, certains ont du talent, d'autres n'en ont pas, certains ont du génie, la plupart n'en ont pas. Lequel d'entre nous prétendrait être l'égal, en musique, de Bach

1. Francis Wolff, *Philosophie de la corrida*, Paris, Fayard, 2007. C'est un livre admirable et passionnant, y compris pour ceux – comme moi – qui n'ont aucun goût pour la tauromachie.

ou de Beethoven ? C'est vrai aussi d'un point de vue moral : il y a des salauds et des gens bien ; et ceux-ci sont évidemment supérieurs, en fait et en valeur, à ceux-là. Que Cavaillès soit supérieur à Klaus Barbie, qu'Etty Hillesum soit supérieure à Eichmann, qui peut en douter ?

Le sport n'est donc pas le seul domaine où cette éthique aristocratique peut trouver à s'exprimer, mais, étant donné la place considérable qu'il occupe dans l'esprit de nos contemporains et dans nos médias, il pourrait aider nos concitoyens à comprendre qu'il n'y a pas à choisir entre la morale égalitaire des droits de l'homme et l'éthique aristocratique de la vertu ou, comme on disait en grec, de l'excellence (*arétè*). Les deux sont légitimes ; l'erreur est de les confondre ou d'oublier l'une des deux.

*Il ne faut ni les confondre ni amputer l'idéal démocratique d'un idéal « aristocratique », sinon on risquerait un certain nivellement qui pourrait être funeste pour la démocratie. Pensons aux analyses de Tocqueville…*

Tocqueville avait raison de craindre que « l'égalité des conditions » ne débouche sur le règne de la médiocrité et du repli individualiste. Si tout se vaut, à quoi bon faire de la politique ? Si vous ne pensez pas qu'un démocrate est supérieur, au moins de ce point de vue, à un fasciste, vous faites le jeu du fasciste. C'est justement parce que nous sommes démocrates, parce que nous sommes attachés à l'idée que tous les êtres humains sont égaux en droits et en dignité, qu'il faut rappeler qu'ils ne sont pas égaux en fait et en valeur. Attention de ne pas confondre la démocratie et le nihilisme ! Si l'on confond l'égalité en droits et en dignité avec une supposée égalité en fait et en valeur, on passe insensiblement de la démocratie au nihilisme, du « tous les humains ont les mêmes droits » au « ils se valent tous ». Or, j'y insiste, si tout se vaut, rien ne vaut. Auquel cas, on n'a plus rien à reprocher à ceux qui refusent la démocratie. Si un nazi vaut autant qu'un résistant, si l'oppression vaut autant que la liberté, à quoi bon résister ?

# Les valeurs du sport

*On peut être conduit à vouloir compenser des inégalités « de nature » en utilisant des adjuvants, des substances « dopantes ». Le dopage viendrait alors combler des « déficits » naturels. N'y aurait-il pas ici un effet pervers de l'idéal aristocratique, du « que le meilleur gagne » ?*

Ce n'est pas un effet pervers de l'éthique aristocratique; c'est plutôt sa perversion! Celui qui s'est dopé n'est pas meilleur que les autres : il a seulement de meilleurs produits, en tout cas plus efficaces, il a gagné plus d'argent, il a volé un titre, non parce qu'il serait le plus fort ou le plus talentueux, mais parce qu'il est mieux « soigné », si l'on peut parler ainsi, ou mieux dopé. C'est le contraire d'une aristocratie : une tricherie méprisable, qui doit moins à l'éthique aristocratique (« Que le meilleur gagne ! ») qu'aux enjeux financiers et médiatiques (gagner à tout prix).

Quand on mesure la quantité d'argent et de gloire qui tombe sur les épaules d'un jeune homme qui a gagné le Tour de France, il est illusoire de penser qu'il renoncera à se doper par simple attachement à la morale. Bien sûr qu'il faut des contrôles et des sanctions ! Les sportifs eux-mêmes y ont intérêt, pour leur santé aussi bien que pour leur réputation ! Le vélo – le seul sport, quand j'étais enfant puis adolescent, qui m'ait vraiment passionné – a cessé de m'intéresser le jour où j'ai compris que, selon toute vraisemblance, les champions de l'époque, à commencer par Anquetil, étaient dopés.

*Cela a suffi à annihiler votre passion ?*

Quasiment, parce qu'au fond, je me moquais de savoir si Anquetil était mieux dopé que Poulidor ! Le Tour de France, que j'ai suivi avidement pendant des années, n'avait d'intérêt, à mes yeux, que si vraiment le meilleur gagnait. Si celui qui gagne n'est plus le meilleur mais le mieux dopé, le plus habile à tricher, alors, effectivement, cela ne m'intéresse plus !

*Dans le Tour de France devait vous intéresser aussi la dimension « sociale ». Il s'agit d'un moment symbolique fort de la culture populaire…*

Non, ce qui m'intéressait à l'époque, ce n'était pas le phénomène social, la caravane et le public ; c'était la geste héroïque, la souffrance, le dépassement de soi, comme vous disiez ! Le héros qui, à la limite, risquait sa peau, comme Simpson qui est mort en pleine action, sans doute parce qu'il était dopé, mais qui n'en est pas moins mort en pleine course, à l'assaut du mont Ventoux. Ou Anquetil et Poulidor grimpant je ne sais plus quel col, roue à roue…

Aujourd'hui, j'en vois mieux les limites et les dangers, mais, à l'époque, cela m'exaltait ! Pourtant, ce n'était pas si drôle d'être passionné de vélo lorsque Anquetil tenait le haut du pavé, car il était d'une prudence extrême dans sa façon de courir, il gérait sa course comme un comptable besogneux, épargnant les quelques dizaines de secondes qu'il avait grignotées durant le contre-la-montre. On a rarement gagné le Tour de France, du moins dans mon souvenir, avec aussi peu de panache ! Puis Merckx est arrivé, et j'ai vu ce qu'était un champion qui avait du panache, qui prenait des risques, qui était plus près du héros que du comptable. Était-il dopé ? Je n'en sais rien, et la question même me désole. Car, celui-là, je l'ai passionnément admiré !

*Le héros est toujours, d'une certaine manière, « exclusif ». On adopte un héros contre un autre. Vous aviez choisi Merckx contre Anquetil…*

J'ai admiré les deux, successivement, mais j'en ai un peu voulu à Anquetil, rétrospectivement, non seulement de s'être dopé, mais aussi d'avoir gagné de façon aussi peu spectaculaire, aussi peu héroïque. Tout le monde ne peut pas être un héros. On retrouve l'éthique aristocratique… Dans l'adage « Que le meilleur gagne ! », il y a par définition l'idée que tout le monde ne va pas gagner, mais c'est aussi ce qui laisse une place à l'admiration. Je trouve regrettable, je le répète, que l'on essaie de convaincre nos enfants que tout ce qui relève de l'émulation ou de la compétition serait condamnable. Tant mieux si le sport, parfois, vient contrebalancer cet égalitarisme prétendument démocratique et tendanciellement nihiliste !

Cela dit, il y a, heureusement, des compétitions plus importantes que le sport, et des valeurs plus hautes que la compétition ! Si je vous demande : « Que pensez-vous d'Untel ? », vous n'allez pas me répondre : « Oh ! c'est un type formidable, il court très vite ! » On se moque que nos amis courent vite ou non ! Ce qui nous importe, parce que ce sont des qualités bien plus décisives, c'est qu'ils soient intelligents, courageux, aimants, drôles, lucides, généreux… Ce qui me désole, dans la compétition sportive, ce n'est pas tant la compétition en elle-même que ses enjeux, presque toujours dérisoires. Si vous attendez un enfant, vous ne vous dites pas lorsqu'il naît : « Pourvu qu'il coure le cent mètres en moins de onze secondes ! » Mais plutôt : « Pourvu qu'il soit en bonne santé, qu'il soit intelligent, qu'il soit capable d'aimer, qu'il soit courageux, qu'il soit un type bien… » Évitons de célébrer exagérément le sport ! Il faut sortir de cette espèce de folie sportivo-médiatique qui fait qu'un gamin de vingt ans, parce qu'il a gagné un match de tennis ou une course à pied, devient pendant quelques années une célébrité et gagne des sommes folles… C'est un mauvais exemple qu'on donne à nos adolescents.

*Cela vaut aussi pour le rock, pour toutes sortes d'activités…*

C'est vrai, mais, à tout prendre, les Beatles ou les Rolling Stones ont apporté davantage à l'humanité qu'Anquetil ou Merckx. La chanson est un art, fût-il mineur. Le sport, non. Je sais bien que certains mettent Pelé ou McEnroe plus haut que Brassens ou Brel, voire aussi haut que Mozart ou Beethoven. Tout ce que je peux leur dire, c'est que nous n'avons pas les mêmes valeurs… Cela dit, encore une fois, il ne s'agit pas de condamner la compétition, l'émulation ou la rage de vaincre. Nous vivons dans un pays où, trop souvent, on préfère les perdants. Les Français préféraient Poulidor à Anquetil. Il me semble qu'un pays qui préfère les perdants aux gagnants est mal parti. Attachons un peu moins d'importance au sport, mais cessons aussi de condamner ou de culpabiliser tout ce qui relève de l'émulation, de la compétition et du désir de vaincre !

Bernard Kouchner me confia un jour : « On dit toujours que c'est dans l'échec qu'on reconnaît ses vrais amis. Ce n'est pas vrai : c'est dans le succès ! » Il avait raison. N'importe qui est capable de vous pardonner un échec, qui fera même plaisir à plusieurs de vos relations. Mais un grand succès, croyez-moi, j'en sais quelque chose, ceux qui vous le pardonnent, ceux-là sont vraiment vos amis ! Le sport pourrait servir à réhabiliter l'idée d'émulation, de compétition, à développer ce qu'on pourrait appeler un sain désir de victoire. Il est légitime, il est tonique, il est salutaire de préférer la victoire à la défaite, la réussite à l'échec. Cela n'empêche pas de respecter aussi les perdants, mais ce respect, inversement, ne saurait tenir lieu de réussite.

*Ce que vous venez de dire peut s'appliquer, mot pour mot, à la vie économique. Vous avez envisagé cette dimension de la question dans votre livre*[1] Le capitalisme est-il moral ?

Vous avez raison : dans l'économie aussi, il y a de la compétition, des rivalités, des rapports de force, et tout le monde ne peut pas gagner ! C'est la loi du marché. C'est la loi de la concurrence.

Vous connaissez ma réponse à la question : « Le capitalisme est-il moral ? » La réponse est non. Le capitalisme n'est ni moral ni immoral ; il est résolument amoral. Autrement dit, ce n'est pas le plus vertueux qui gagne, ni le plus malhonnête, mais celui qui a les meilleurs produits, les meilleurs vendeurs, le meilleur rapport qualité/prix, etc., bref, qui est le plus compétitif. On pourrait dire la même chose du sport. Dans une course, ce n'est pas l'individu le plus généreux qui va gagner, ni le plus intelligent, le plus

1. André Comte-Sponville, *Le capitalisme est-il moral ? Sur quelques ridicules et tyrannies de notre temps*, Paris, Albin Michel, 2004 ; éd. revue et augmentée d'une postface inédite, 2009 ; rééd. Le Livre de Poche, 2011.

honnête ou le plus méritant ; c'est celui qui court le plus vite. On retrouve ici l'élément à la fois amoral et dérisoire du sport, donc aussi de l'économie. Cela dit, sans l'économie, nous mourrions de faim. Sans le sport, non. Créer de la richesse, c'est à la fois dérisoire et nécessaire. Admirer un chef d'entreprise ? Cela ne m'a jamais traversé la tête. Mais il y a bien longtemps que j'ai cessé de les mépriser ou de les condamner en bloc ! Je dirais volontiers la même chose des sportifs, mais selon une chronologie inversée : il y a bien longtemps que je ne les admire plus, ou guère ; ce n'est pas une raison pour les mépriser ou les condamner !

Et puis le sport, sans être intrinsèquement moral ou immoral (rien n'empêche qu'un salaud soit un champion, ni qu'un champion soit un type bien), va souvent véhiculer un certain nombre de valeurs qui, elles, touchent bien à la morale ou à l'éthique : le goût de l'effort (donc le contraire de la veulerie), la persévérance, l'honnêteté (le refus de la tricherie), l'humilité, l'ambition (la volonté de progresser), l'émulation, le courage, le respect de l'autre (quelle que soit bien sûr sa couleur de peau), le *fair-play*, l'esprit d'équipe… On ne dira jamais assez toute la reconnaissance que nous devons, de ce point de vue, aux milliers de bénévoles qui encadrent les activités sportives de nos enfants, durant leurs loisirs, et essaient, presque tous, de leur transmettre ces valeurs !

# Le football, d'autant plus populaire qu'il est plus imparfait

*Si le sport ne vous intéresse pas, il occupe tout de même une place non négligeable dans votre vie publique et privée. Ainsi, par exemple, vous avez été membre, pendant plusieurs années, du Conseil d'administration de la Fondation du football…*

Eh oui ! C'est une fondation – aujourd'hui rebaptisée « Fondaction du Football » – qui fut d'abord présidée par Philippe Séguin et l'est aujourd'hui par Patrick Braouezec. Cela explique en partie que j'aie accepté d'en être membre : j'avais de l'estime pour le premier, de la sympathie puis de l'amitié pour le second. Il s'agit d'une institution indépendante dont le but est de faire que ce sport, à l'impact sociétal énorme, ne serve pas seulement à faire du fric et du spectacle, mais aussi à former notre jeunesse. J'avais coutume de dire que j'y représentais la « société civile » : celle des non-footeux ! Je l'ai aujourd'hui quittée, pour des raisons d'emploi du temps, mais ne regrette pas d'en avoir fait partie pendant si longtemps. J'y ai appris des choses, et rencontré des gens intéressants. D'ailleurs, si j'ai accepté d'y participer, ce n'était pas seulement à cause de ses présidents. C'était aussi pour les deux raisons que j'évoquais au début de notre entretien : en tant que citoyen, je suis bien obligé de prendre acte de la place considérable que le sport en général, et le foot en particulier, occupent dans notre société. Et en tant que père de famille, je suis bien placé pour vouloir en corriger certains effets. Pour nombre de nos jeunes garçons, surtout lorsque la France a eu le malheur de gagner la Coupe du monde, en 1998, le foot a été une sorte de catastrophe, de tsunami culturel, qui a tout balayé. On ne lit plus, on se contente de regarder des matchs de foot à la télé ! On ne cherche plus quoi faire de sa vie, on rêve d'être footballeur pro ! Il m'a paru important d'y réfléchir et d'essayer de voir si l'on ne pouvait pas faire que le football, notamment amateur, ait un impact sociétal, surtout sur nos jeunes, qui ne soit pas seulement négatif. C'est le but de ce Fondaction du Football. Je garde un bon souvenir de ma participation à leurs travaux, et je leur souhaite tout le succès qu'ils méritent.

*Une autre question se pose : pourquoi le foot est-il devenu, du moins médiatiquement, le sport-roi ?*

Il me semble qu'il l'est devenu pour de mauvaises raisons sportives, qui sont de bonnes raisons humaines. Le principe du sport, c'est que le meilleur gagne, et c'est en effet le plus souvent le cas. Par exemple en athlétisme ou au tennis : celui qui gagne la course ou le match était presque inévitablement, en tout cas ce jour-là, le meilleur. Alors qu'au football, comme dans la vie, ce n'est pas toujours le cas ! Il y a une part de réussite, une part de chance ou de malchance, une part, souvent décisive, de hasards, d'aléas, voire, parfois, d'injustice. Interviennent également des phénomènes humains un peu obscurs, comme dans tous les sports collectifs : la haine, l'agressivité, la solidarité, la confiance, l'esprit d'équipe, le charisme de tel ou tel, sans parler du rôle du public et de l'arbitrage… Et puis on joue avec les pieds, organes par nature malhabiles ou approximatifs ! Un journaliste demanda un jour à Jean-Pierre Papin, brillant avant-centre, quelle était la principale qualité d'un buteur. Papin répondit : « La chance ! » Cela dit quelque chose sur le football, me semble-t-il, car personne ne dirait cela d'un sprinteur ou d'un tennisman. Toujours est-il que, dans un match de foot, ce n'est pas forcément la meilleure équipe qui gagne. Il y a là, d'un point de vue strictement sportif, comme une impureté fondamentale. Et c'est précisément parce que le foot est un sport moins pur que le tennis ou la course à pied qu'il a davantage d'impact social. C'est parce que c'est un sport imparfait qu'il passionne plus ! Au tennis ou en athlétisme, et sauf exception très rare, c'est le meilleur qui gagne : c'est sportivement satisfaisant, humainement quelque peu décevant ou ennuyeux, surtout quand le meilleur reste le même pendant des années… Dans un match de foot, au contraire, ce n'est pas forcément le meilleur qui gagne : la chance, la réussite, les aléas du jeu ou de l'arbitrage peuvent parfois faire gagner l'équipe la plus faible. C'est sportivement décevant, humainement satisfaisant ou réconfortant. Cela laisse davantage de place à l'incertitude, à la passion, à l'espoir et à la crainte, au sentiment d'injustice, même à la colère, toutes choses qui rajoutent de l'intérêt au spectacle ! Cela ressemble à la vie, qui n'est ni juste ni moralement satisfaisante. Le foot est un sport imparfait, comme la vie, et cela explique une partie de son succès.

*L'air de rien, vous prononcez là un bel éloge du sport !*

Le sport fait partie de la vie : c'est d'elle que je fais l'éloge ! Le fait que le foot ait plus de succès que la course à pied, cela prouve peut-être que les gens aiment davantage la vie que le sport. Et cela, malgré tout, est une bonne nouvelle !

## De la solidarité à la politique

*Le football, à la différence du tennis, est un sport collectif, ce qui suppose toutes sortes de solidarités. Un match peut dès lors servir, pour la jeunesse, de bonne leçon sur les vertus de l'entraide.*

Cela joue sans doute un rôle dans la sorte de « prime populaire » dont bénéficient les sports collectifs. Dans les sports individuels – le tennis, la boxe, l'athlétisme, etc. – sont présentes des valeurs d'émulation, de compétition, d'affrontement, mais guère de solidarité, puisqu'on est le plus souvent seul dans son camp. Inversement, les sports collectifs – le foot, le hand, le basket, le rugby, etc. – développent en effet des valeurs de solidarité, ce qui peut aider nos jeunes gens à comprendre qu'il y a beaucoup de choses qu'on ne peut réussir qu'avec d'autres. C'est une bonne leçon. Mais ne faisons pas de cette solidarité une vertu morale. Dans mon *Petit traité des grandes vertus*[1], j'ai consacré dix-huit chapitres aux dix-huit vertus qui me paraissent les principales. Aucun n'est consacré à la solidarité. Non parce qu'elle n'est pas importante, mais parce qu'elle ne relève pas de la morale ! Tous les êtres humains sont égaux en droits et en dignité (vos adversaires ont les mêmes droits et la même dignité que vos coéquipiers) ; donc tout ce qui conduit à faire une différence entre vos adversaires et vos coéquipiers ne relève pas de la morale, mais d'autre chose. De quoi ? De la convergence des intérêts, donc de la solidarité ! Vos coéquipiers ont le même intérêt que vous : la victoire, que vous ne pourrez remporter qu'ensemble. Vos adversaires ont des intérêts opposés aux vôtres : si vous gagnez, ils perdent, et inversement. Là encore, il me semble que le sport peut avoir une vertu pédagogique, à condition qu'on ne fasse pas de la solidarité une vertu

1. André Comte-Sponville, *Petit traité des grandes vertus*, Paris, PUF, 1995.

morale, à condition qu'on explique que la solidarité est une convergence d'intérêts, laquelle ne relève pas de la générosité mais de l'égoïsme bien compris. Elle n'en est pas moins légitime (on a le droit de défendre ses intérêts !) ; elle en est plus efficace (on les défend mieux à plusieurs que tout seul !). Maxime de la solidarité : plutôt que d'être égoïste tout seul, bêtement et les uns contre les autres (par exemple, le joueur qui joue « perso » au foot), soyons égoïstes ensemble et intelligemment, soyons égoïstes – selon le sport pratiqué – à cinq, sept, onze ou quinze ! Il me semble que cela pourrait aider nos jeunes gens à progresser, leur faire comprendre la différence qu'il y a entre la générosité, qui est désintéressée, et la solidarité, qui est une convergence d'intérêts, comme aussi entre la solidarité, qui les unit à leurs coéquipiers, et le respect, qu'ils doivent avoir également pour tous les joueurs, y compris pour eux-mêmes, mais pas plus pour eux-mêmes que pour les autres, pas plus pour leurs coéquipiers que pour leurs adversaires. Aujourd'hui, dans les stades, on en est très loin !

Quand mes enfants étaient petits, il m'arrivait de les accompagner au stade… Une fois, nous étions en vacances près de Marseille, je les avais emmenés au Stade Vélodrome, voir un match qui opposait l'OM à je ne sais plus quelle équipe. J'étais effondré ! Si la solidarité des supporters avec leur équipe était sans faille, en revanche le respect pour l'adversaire était absolument nul ! Dès qu'un joueur de l'équipe adverse avait le ballon, des dizaines de milliers de spectateurs le sifflaient, le huaient, l'injuriaient (avec une prédilection pour les insultes homophobes), alors qu'il n'avait pourtant fait aucune faute, mais parce qu'il avait le tort de jouer contre l'OM et d'avoir le ballon... C'était le contraire du *fair-play*, en tout cas dans les gradins : un mélange de mauvaise foi, d'agressivité, de vulgarité et de sottise que j'ai trouvé effrayant ! Je ne proposerais pas, comme fit un jour Albert Jacquard, que chaque joueur ait son propre ballon, que les deux équipes jouent ensemble, sans compétition, plutôt que l'une contre l'autre – ce ne serait plus un match de football ! Il ne faut pas, au nom de l'égalité, au nom du respect, renoncer à la compétition et donc à la solidarité. Là encore, tenons les deux bouts de la chaîne. Il y a une solidarité avec les coéquipiers et une compétition avec les adversaires, qui sont l'une et l'autre légitimes, l'une et l'autre nécessaires, mais à la condition qu'elles ne débouchent pas – notamment chez les supporters – sur la haine ou le mépris de l'équipe adverse.

*Il y a dans le sport de compétition quelque chose qui semble relever du « dolorisme »… Le héros qui souffre, le champion qui risque sa vie, vous en avez parlé, comme s'il y avait une sorte de rédemption par la souffrance. Une vieille affaire, que cette idée, que l'on trouve dans la tradition chrétienne : le salut par la souffrance…*

Parler de rédemption par la souffrance a effectivement des connotations chrétiennes ; et ce n'est sans doute pas ce qu'il y a de mieux dans le christianisme. En revanche, aider nos enfants à comprendre que l'on n'aboutit à rien sans efforts, et qu'il n'y a pas d'efforts sans souffrance, c'est une bonne leçon. J'ai envie de dire qu'il faut se tenir dans « la voie du milieu », comme disaient le Bouddha et Montaigne, ou sur « la ligne de crête », comme dirait Aristote, entre deux abîmes – l'abîme du dolorisme, qui prétendrait :

« C'est la souffrance qui est bonne ! » ; et l'abîme de la veulerie, qui susurrerait : « Jamais de souffrance, jamais d'effort, tout doit venir tout seul ! » Or la veulerie, aujourd'hui, me paraît une menace plus grave que le dolorisme ! Toujours est-il qu'entre ces deux abîmes, entre ces deux défauts – le dolorisme, la veulerie –, il y a le juste milieu dont parle Aristote, donc l'excellence ou la vertu, qu'on pourrait appeler la ténacité, l'opiniâtreté, la persévérance, ou simplement le courage : comprendre que le plaisir vaut mieux que la souffrance, certes, mais qu'il y a beaucoup de plaisirs qu'on ne peut obtenir sans efforts, et qu'il y a très peu d'efforts qui ne supposent, au moins parfois, une part de souffrance. Si le sport peut aider une jeune fille ou un jeune garçon à comprendre cela, c'est une très bonne chose, à condition de ne pas tomber dans l'adulation de la souffrance pour la souffrance.

*Ce sont alors les corps démolis, précocement usés des champions vieillissants…*

C'est un aspect du sport dont on ne parle pas assez. Tous les sports ne sont pas bons pour la santé ; et le sport de haut niveau ne l'est presque jamais. S'il est préférable de faire un peu de sport que de rester avachi tous les jours devant son bureau ou son poste de télévision, trop de sport nuit. C'est particulièrement vrai de certains sports, par exemple parce qu'ils sont asymétriques, comme le tennis, intrinsèquement dangereux, comme la descente de ski alpin, ou violents, comme la boxe ou le rugby. S'il est bon d'être capable de faire des efforts, d'accepter une part de souffrance, il faut garder à l'esprit que la santé est plus précieuse que le sport.

*Que vous inspire la devise olympique* Citius, altius, fortius *(« Plus vite, plus haut, plus fort ») ?*

Un sourire de dédain. Cela renvoie les Jeux olympiques au dérisoire qui est le leur. Lorsque vous pensez à vos amis, vous ne vous demandez pas à quelle hauteur ils sautent ! Deux mètres, deux mètres vingt ? On s'en moque ! Ni à quelle vitesse ils courent.

Quelle importance ? On retombe, avec cette devise, sur ce que j'appelais l'adulation médiatique du sport, qui fait que l'on attache une importance démesurée à la hauteur d'un saut, à la vitesse d'une course ou à la force d'un coup de poing. Tout cela me paraît ridicule. D'autant plus que nous vieillissons ! Dès l'âge de trente ou trente-cinq ans, ce n'est plus « Plus vite, plus haut, plus fort », mais « Moins vite, moins haut, moins fort ». Or, que je sache, à trente ans, la vie n'est pas terminée ! À force de célébrer le sport, on finit par enfermer nos jeunes gens dans un jeunisme délétère, puisqu'on leur laisse croire qu'après trente-cinq ans, en gros, tout est foutu – ils n'iront pas plus vite, plus haut, plus fort. Si bien que la devise olympique revient à dire : « À trente-cinq ans, la vie est finie. » Ce qui est exactement le contraire de la vérité, le contraire de ce qu'il faut dire à nos enfants ! Bref, les vraies devises – mais il ne s'agirait plus de sport – seraient plutôt : « De plus en plus de liberté, d'égalité, de solidarité » (c'est la devise de la politique, et vous pouvez, si vous le souhaitez, remplacer « solidarité » par « fraternité ») ; et aussi : « De plus en plus d'amour, de générosité, de justice » (c'est la devise de l'éthique)…

Ici, on peut avancer tout au long de la vie ! Certes, on peut aussi reculer (la vieillesse n'est pas toujours un progrès, tant s'en faut), mais il est clair en tout cas que la vie n'est pas finie à trente-cinq ans !

Bref, répétons-le une dernière fois : la vie est plus importante que le sport ; l'amour, plus important que la compétition ; la justice, plus importante que la victoire. Ce n'est pas une raison, j'y insiste, pour condamner la compétition ou renoncer à la victoire, par exemple dans le sport ; mais c'en est une, bien forte, pour attacher davantage d'importance à la morale et à la politique qu'au sport. La justice importe davantage que la victoire : voilà ce que la morale nous rappelle. C'est pourquoi il faut se battre pour la victoire de la justice : c'est à quoi sert la politique. Une société comme la nôtre, où l'on adule le sport et où l'on n'a pour la politique, de plus en plus, que mépris ou dérision, est une société qui va mal.

# Table des matières

MIXTE
Papier issu de
sources responsables
FSC® C003309

L'éditeur de cet ouvrage s'engage dans une démarche
de certification FSC® qui contribue à la préservation
des forêts pour les générations futures.
Pour en savoir plus :
www.editis.com/engagement-rse/

Cet ouvrage a été achevé d'imprimer en avril 2021
sur les presses de Normandie Roto Impression s.a.s.
61250 Lonrai (Orne)
N° d'édition : 62302/04 - N° d'impression : 2101759

*Imprimé en France*